MW00576206

PUBLISHED BY CLARKSON N. POTTER, INC., DISTRIBUTED BY CROWN PUBLISHERS, INC.,
201 EAST 50TH STREET, NEW YORK, NEW YORK 10022

CLARKSON N. POTTER, POTTER AND COLOPHON ARE TRADEMARKS OF
CLARKSON N. POTTER, INC.

BOOK AND COVER DESIGNED BY CARROLL, DEMPSEY & THIRKELL LIMITED

MANUFACTURED IN HONG KONG

ISBN 0-517-577232

10 9 8 7 6 5 4 3 2

THE
VICTORIA AND ALBERT

DAY BOOK

CLARKSON N. POTTER,
PUBLISHERS INC. NEW YORK
MCMXC

1

2

3

4

5

6

7

8

JANUARY

9

10

11

12

13

14

15

16

17

18

19

20

21

22

23

24

25

26

27

28

29

30

31

1

2

3

4

5

6

7

8

9

10

11

12

13

14

15

16

FEBRUARY

17

18

19

20

21

22

23

24

25

26

27

28

29

1

2

3

4

5

6

7

8

9

10

11

12

13

14

15

16

9

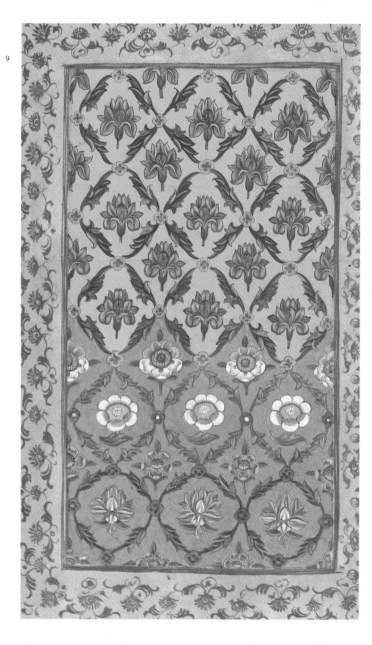

MARCH

17

18

19

20

21

22

23

24

25

26

27

28

29

30

31

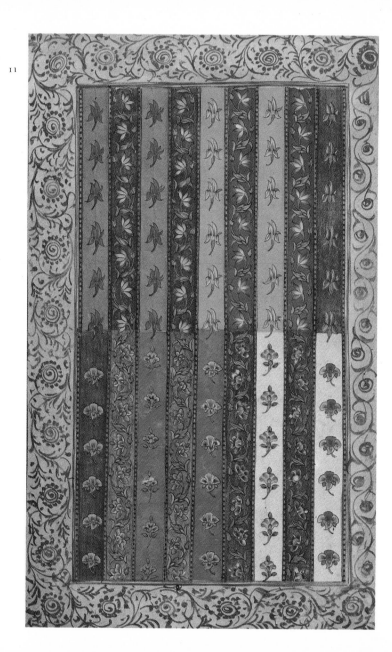

1

2

3

4

5

6

7

8

9

10

11

12

13

14

15

16

17

18

19

20

21

22

23

24

25

26

27

28

29

30

13

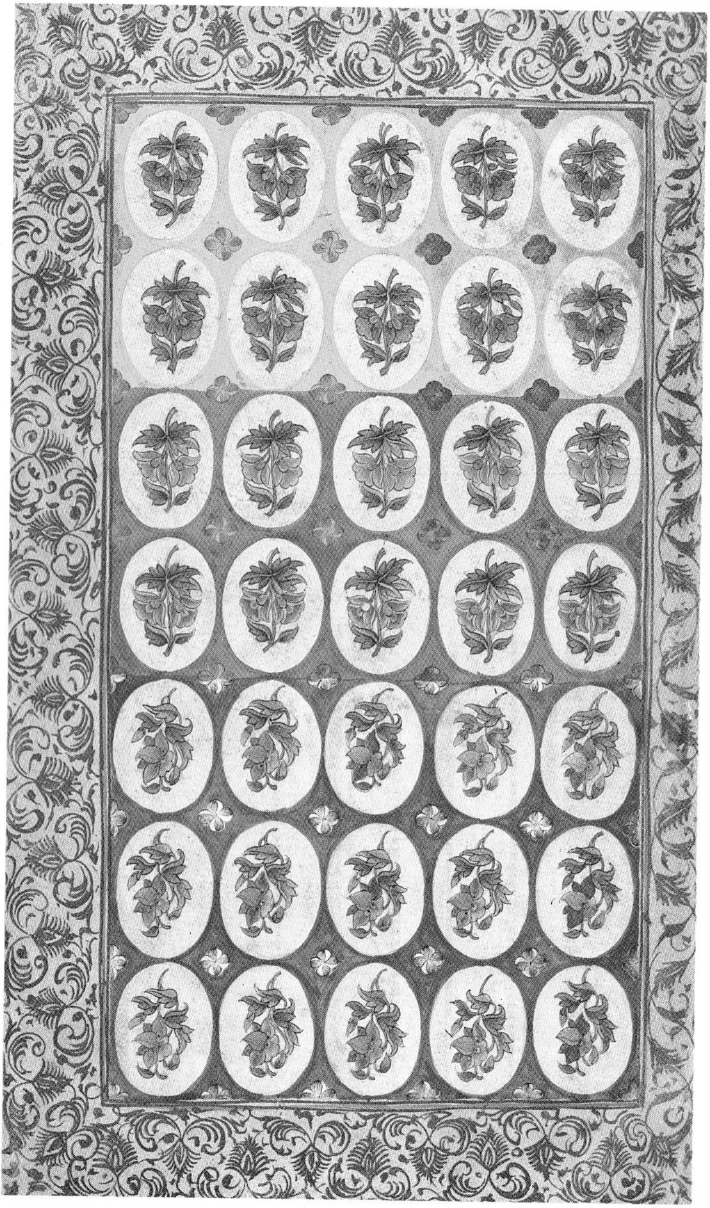

1

2

3

4

5

6

7

8

9

10

11

12

13

14

15

16

15

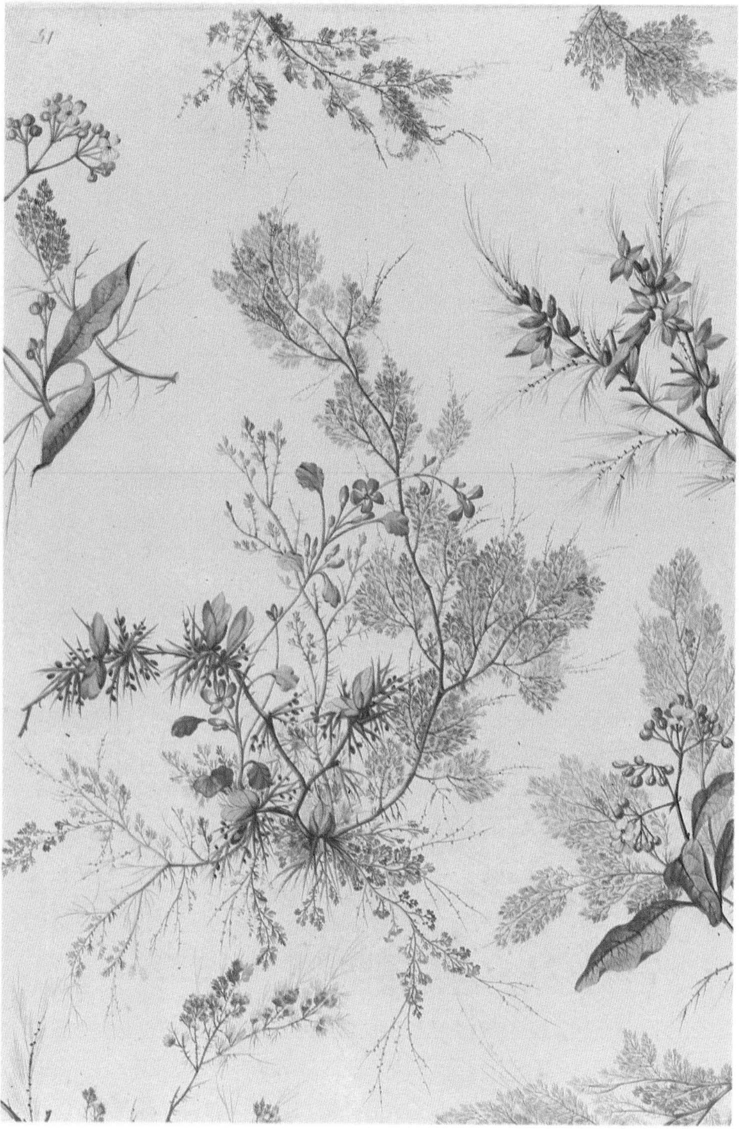

MAY

17

18

19

20

21

22

23

24

25

26

27

28

29

30

31

17

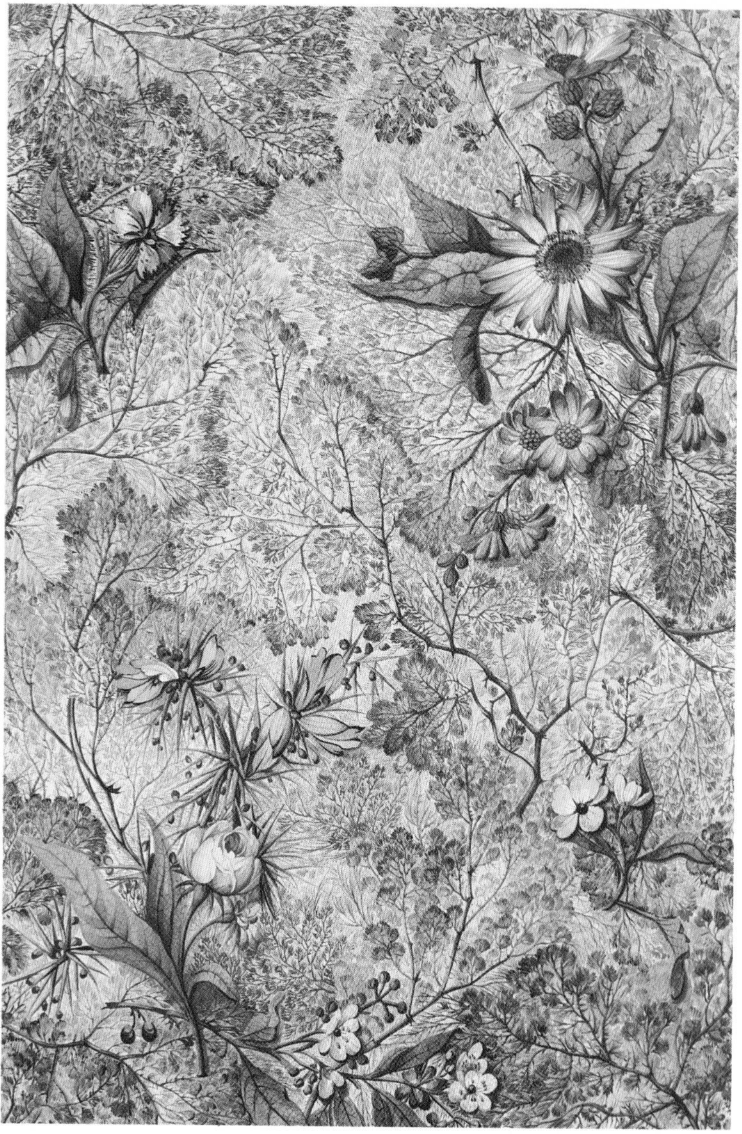

JUNE

1

2

3

4

5

6

7

8

9

10

11

12

13

14

15

16

17

18

19

20

21

22

23

24

25

26

27

28

29

30

19

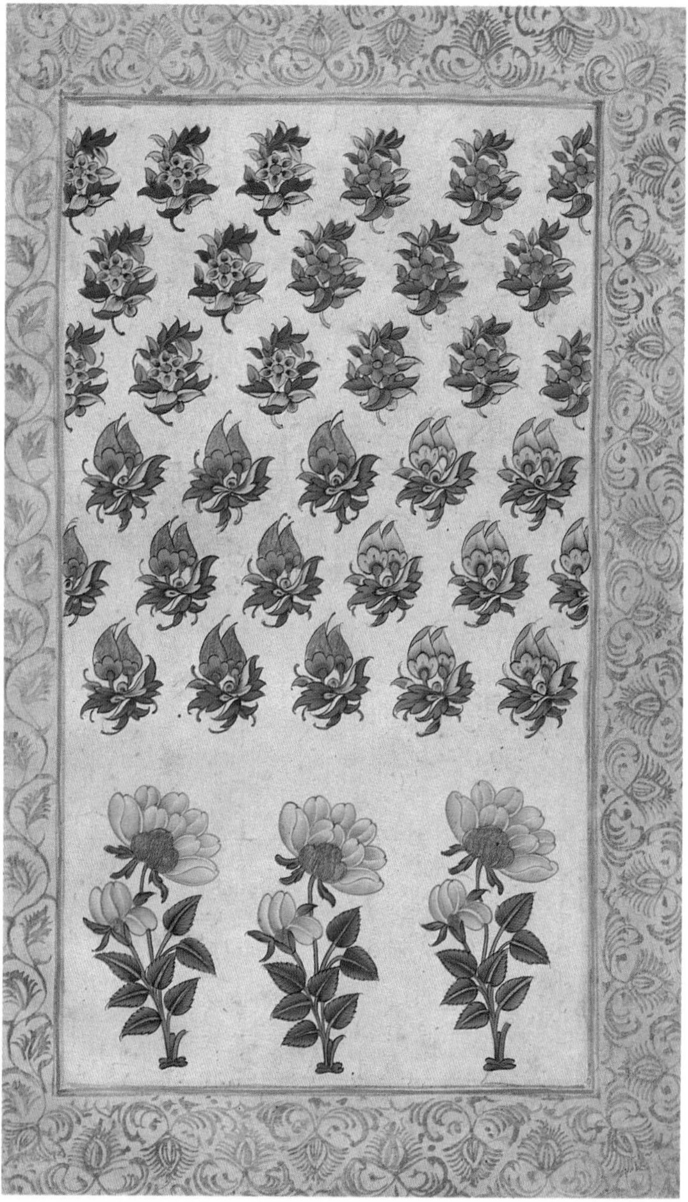

1

2

3

4

5

6

7

8

JULY

9

10

11

12

13

14

15

16

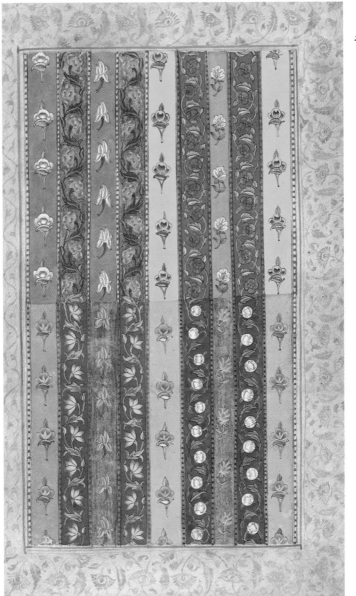

21

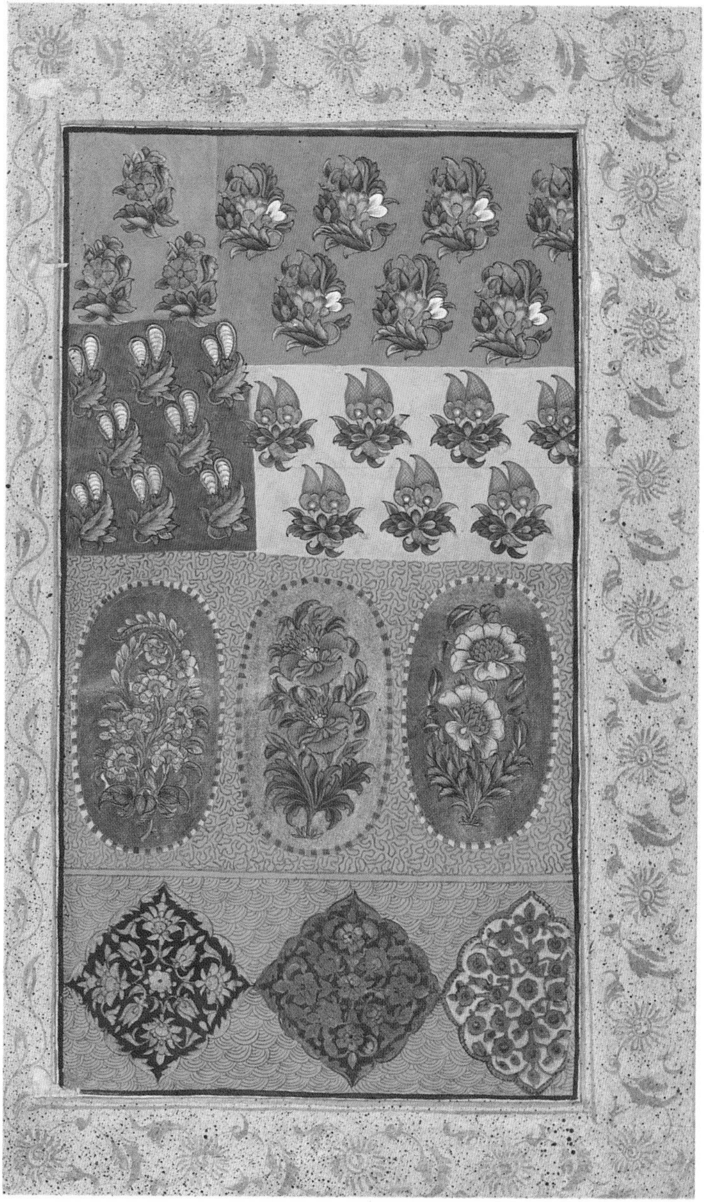

17

18

19

20

21

22

23

24

25

26

27

28

29

30

31

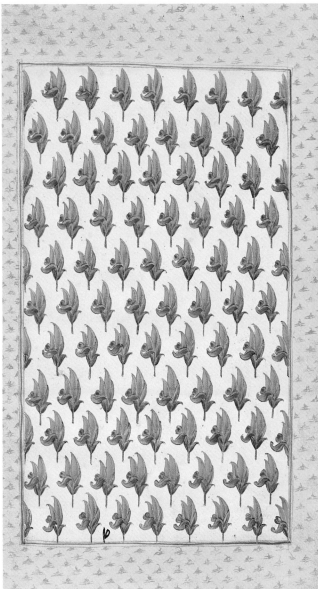

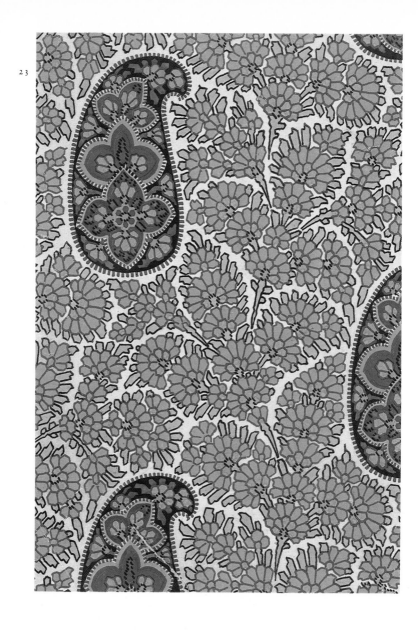

1

2

3

4

5

6

7

8

9

10

11

12

13

14

15

16

17

18

19

20

21

22

23

24

25

26

27

28

29

30

31

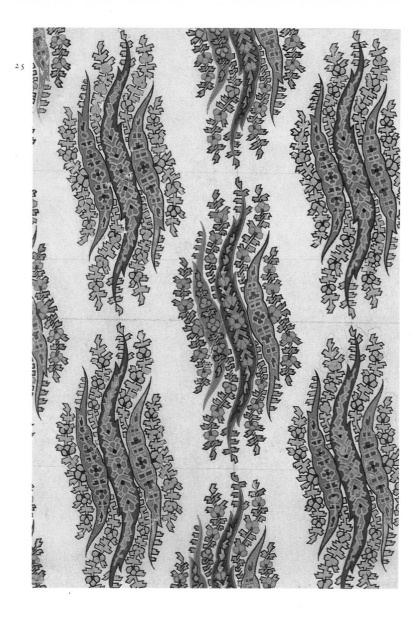

1

2

3

4

5

6

7

8

9

10

11

12

13

14

15

16

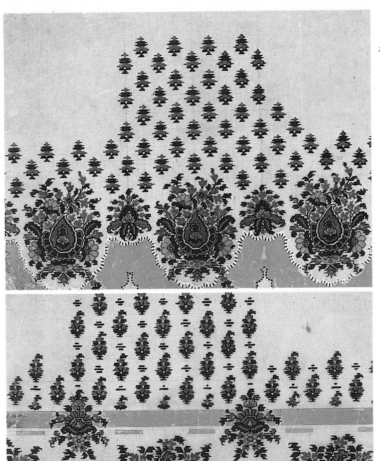

27

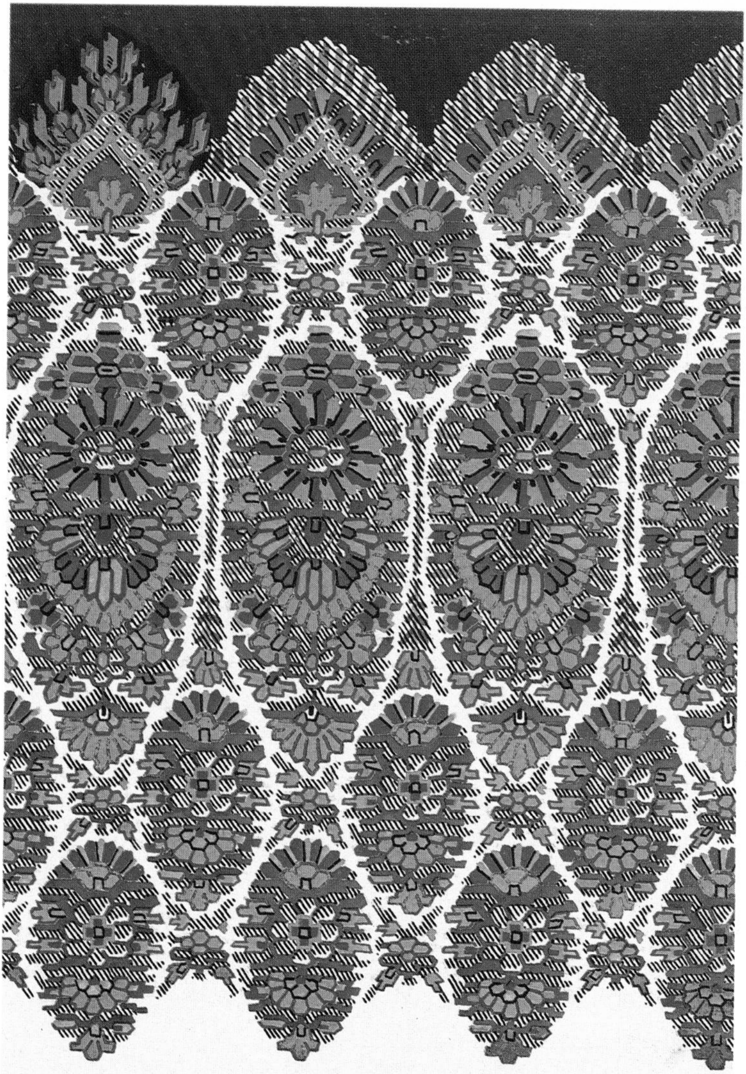

17

18

19

20

21

22

23

24

25

26

27

28

29

30

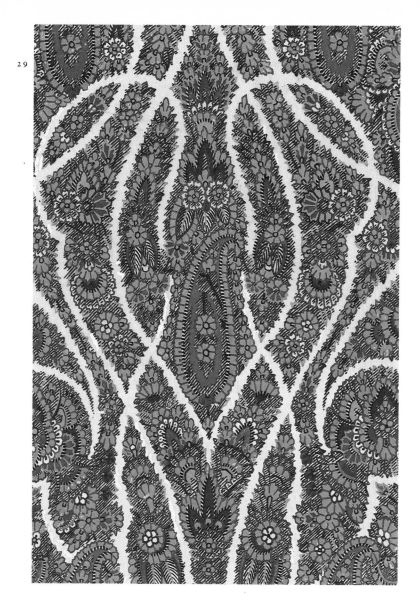

1

2

3

4

5

6

7

8

9

10

11

12

13

14

15

16

17

18

19

20

21

22

23

24

25

26

27

28

29

30

31

1

2

3

4

5

6

7

8

9

10

11

12

13

14

15

16

33

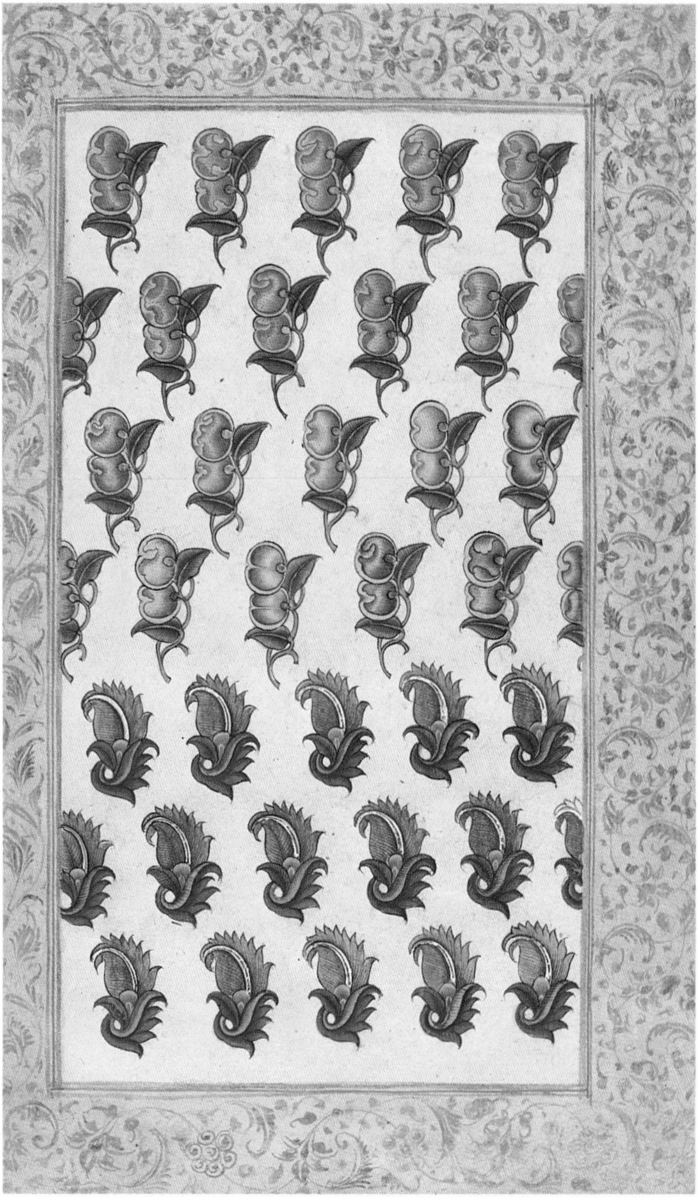

17

18

19

20

21

22

23

24

25

26

27

28

29

30

35

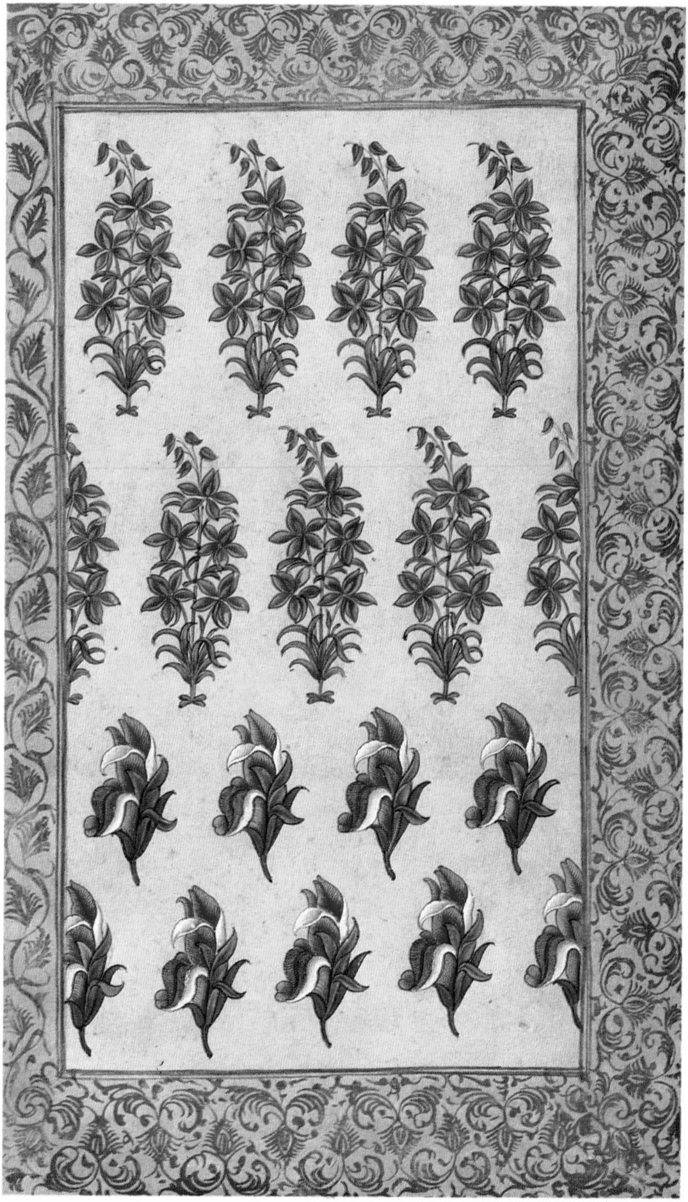

1

2

3

4

5

6

7

8

DECEMBER

9

10

11

12

13

14

15

16

17

18

19

20

21

22

23

24

25

26

27

28

29

30

31

The illustrations in this day book have been taken from three books in the Victoria and Albert Colour Books series published by Webb & Bower:

Rococo Silks (1985). Cover, endpapers, plates 1, 2, 3, 4, 5, 6, 7, 14, 15, 16, 17, 18

Indian Floral Patterns (1985). Plates 8, 9, 10, 11, 12, 13, 19, 20, 21, 22, 33, 34, 35, 36

Designs for Shawls (1988). Plates 23, 24, 25, 26, 27, 28, 29, 30, 31, 32